Guido Bosbach

Gegen- Mentale Modelle

Das Inspirations-, Arbeits- und Reflexionsbuch für neue organisationale Glaubenssätze.

Bibliografische Information der Deutschen Nationalbibliothek:
Die Deutsche Nationalbibliothek verzeichnet diese Publikation in der Deutschen Nationalbibliografie; detaillierte bibliografische Daten sind im Internet über http://dnb.dnb.de abrufbar.

Fotos: pixabay.com (Lizenzfreie Nutzung)

Herstellung und Verlag: BoD – Books on Demand, Norderstedt

ISBN: 978-3-7431-7514-3

„Mentale Gegen-Modelle" sind Impulse etablierte sichtbare und unsichtbar organisationale Regeln und Glaubenssätze zu reflektieren und ihnen zeitgemäße Neuinterpretationen entgegenzusetzen.

Mentale Modelle bestimmen unser Denken und Handeln in jeder Art von Gruppen weitaus mehr, als offen kommunizierte Regeln und Richtlinien. Jede Organisation entwickelt aus ihrer Vergangenheit und durch die Menschen, die ihren Weg geprägt haben immer wieder eigene, die Kultur prägende Modelle.

Der Versuch neue Rahmenparameter zu verankern beginnt mit der Bewusstmachung, Reflexion und einem gemeinsamen Dialog über die alten Modelle und der bewussten und unbewussten Folgen. Erst dann kann die Organisation starten gemeinsam neue Formulierungen zu finden, sie zu diskutieren und sich auf den Weg begeben, diese Schritt für Schritt durch neue emotionale Ankerpunkte und Erfahrungen zu verändern. Einen Vorschlag, wie Sie diesen Weg gestalten können, finden Sie ab Seite 56.

Nutzen Sie das Buch als Inspirationsquelle auf diesem Weg. Notieren Sie sich alte und neue Glaubenssätze und regeln am Ende dieses Buches und begeben Sie sich so auf die spannende Reise zu einem neuen Gesamtverständnis zeitgemäßer Zusammenarbeit.

Die Zukunft ist planbar.

Wir können uns auf die absehbaren Aspekte der Zukunft vorbereiten, um dann intelligent, flexibel und geeignet auf neue Anforderungen zu reagieren.

Das Top-Management trägt al-
leine die Verantwortung, das
Unternehmen in die
Zukunft zu führen.

Das Unternehmen in die Zukunft zu führen, ist die gemeinsame Aufgabe aller.

Die Unternehmensvision und -strategie sollte allein vom Top-Management entwickelt werden.
Nur das Management hat die dazu notwendigen Informationen.

Das Ziel der Organisation muss alle die ansprechen, die sich dafür engagieren sollen. Das Wissen, wie dieses Ziel umgesetzt werden kann, ist emergentes Wissen der gesamten Organisation.

NDELSBLATT

Abendblatt Nr.

schau Oderberger Eisenbahn

Kapitalauszahlung abgefunden

ite 322 (Nr. 34) vom 20 August ist
dem Deutschen Reich, der Slowa-
Königreich Ungarn über die Aktien-
bahn" veröffentlicht, die

Berliner Börs

iemlich schwach und im Verlauf

26. Aug. Die Börse war heute aus
gestern angedeutet, sind Maßna
Materialmangel an der Börse etw
daß der jüdische Materi gerad
Zwar kommt das aber die V ung
an den Markt, aber die
doch weitgehend beeinflusse.
Gerade bei den bevorz W
ollbaren Abschlägen ve
bei Salzdetfurth
Rheinmetall u. a.

Das Management organisiert und bestimmt die
Kommunikation nach innen und außen.

Wo die gemeinsame Zielsetzung bei jedem positive Resonanz erzeugt, dient es dem Unternehmen, wenn jeder für das Unternehmen sprechen kann.

Wir brauchen eine formale Hierarchie,
um arbeitsfähig zu sein.

In einem lebensfähigen
Unternehmensnetzwerk
entsteht Führung und
Leadership nach Bedarf.

Beim Top-Management laufen alle Informationen
zusammen. Es kann am besten entscheiden.

Entscheidungen werden von denen getroffen, die die Hintergründe und Auswirkungen am besten verstehen.

MC: 14,89%

- Norte
- Centro
- Lisboa e Vale do T
- Alentejo
- Algarve
- Região Autónoma
- Região Autónoma

Die wirtschaftliche Lage des Unternehmens kann nur das Management beurteilen.

Nur Mitarbeiter, die verstehen wo das Unternehmen steht, können es auf dem Weg in die Zukunft zielgerichtet unterstützen.

Das Management hat die Aufgabe das Tagesgeschäft zu kontrollieren.

Das Tagesgeschäft ist Thema der Mitarbeiter, die am nächsten am Kunden sitzen. Das Management gestaltet durch Dialoge zu Zielen und Werten dazu den Rahmen.

Regeln und Pläne sind die Garanten für rei-
bungslose Arbeitsabläufe.

Gute Kommunikation und Transparenz ermöglichen effektive Zusammenarbeit.

Unternehmen sollten den Mitarbeitern klare Ziele und Vorgaben machen, um effizientes Arbeiten zu ermöglichen.

Erwachsene, die man wie Erwachsene behandelt, verhalten sich auch wie Erwachsene.

Aufgabe von Führungskräften ist es Ziele vorzugeben
und die Ergebnisse zu kontrollieren.

Erwachsene, die ein verbindendes Ziel haben entscheiden selbst, wer, was, wann macht, um das Ziel zu erreichen.

Reports spiegeln immer ein vollständiges Bild des Zustands im Projekt / der Abteilung / dem Unternehmen wider.

Eine ehrliche Kommunikation ist Ausgangs-
punkt, um ein umfassendes Bild des Zustands
im Projekt / der Abteilung / dem Unternehmen
zu erhalten.

AUTHORIZED PERSONNEL ONLY

Verantwortung wollen hier
nur ganz wenige übernehmen.

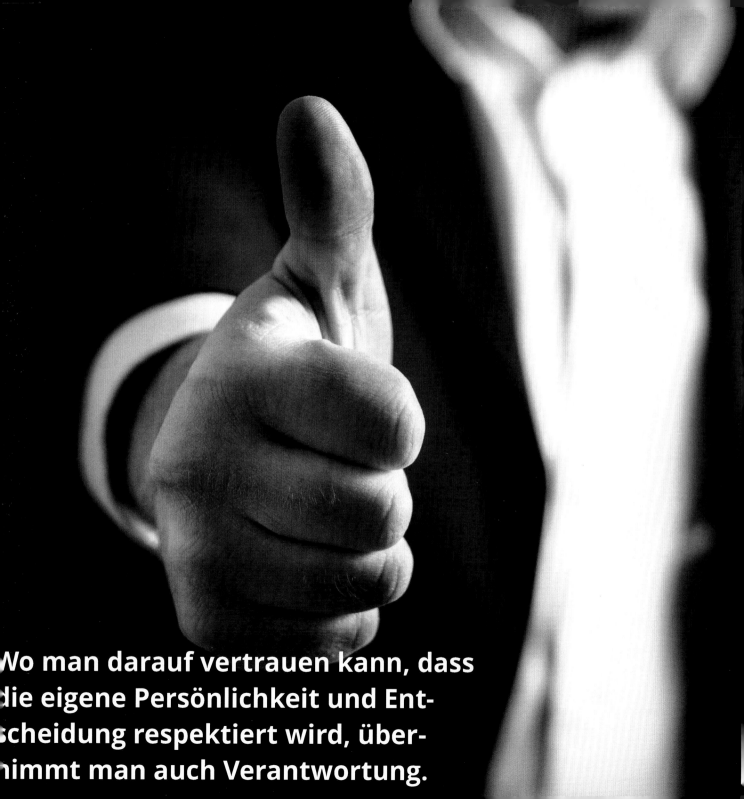

Wo man darauf vertrauen kann, dass die eigene Persönlichkeit und Entscheidung respektiert wird, übernimmt man auch Verantwortung.

Wer den Fokus auf Effizienz legt hat automatisch den maximalen wirtschaftlichen Erfolg.

**Wirtschaftlicher Erfolg hat viele Ursachen -
die meisten beruhen auf effektiver Zusammenarbeit.**

Wenn sich Rahmenbedingungen ändern, lohnt es sich die betroffenen Entscheidungen und Prozesse neu zu reflektieren und aus den neuen Erkenntnissen zu lernen.

Die Motivation wächst mit dem Gehalt.

Das Gehalt muss stimmen. Die Motivation ist da, wenn sie an Sinn anknüpfen kann und die Arbeit Freude macht.

Innovation können die
Experten am besten.

In einem Umfeld,
dass Kreativität
fördert entstehen
laufend gute
neue Ideen -
überall.

Mitarbeiterbefragungen zeigen ein ehrliches Bild der Organisation.

Wer eine Organisation verstehen will, muss die Systeme verstehen, die auf sie und in ihr wirken. Dennoch ist das Bild nie eindeutig und klar.

Bei Veränderungen muss man Mitarbeiter
von der Dringlichkeit überzeugen.

Transparenz sorgt nicht nur dafür, dass die Mitarbeiter die Notwendigkeit von Maßnahmen verstehen. Sie erlaubt auch, sie selbst Lösungen entwerfen zu lassen, bevor die Not(wendigkeit) offensichtlich wird.

Seminare
und
Schulungen
können die
Haltung von
Mitarbeitern
verändern.

Wenn wir den Fokus der Aufmerksamkeit bewusst auf die Stellen lenken, die wir an uns verändern möchten, gelingt es unser Verhalten und unsere Haltung unseren Wünschen weiter anzunähern.

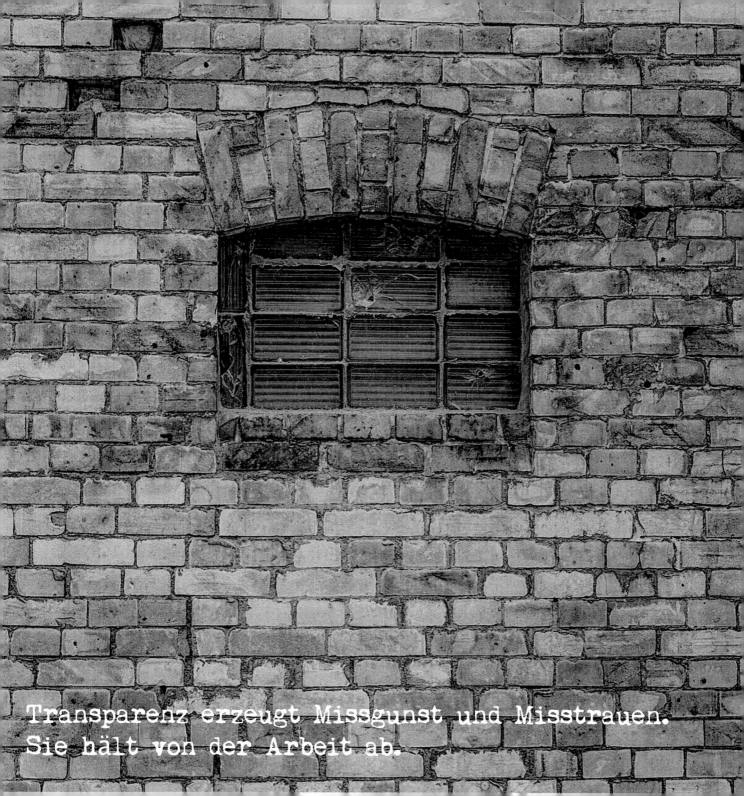

Transparenz erzeugt Missgunst und Misstrauen.
Sie hält von der Arbeit ab.

Wer Vertrauen investiert, steigert Leistungsbereitschaft & -fähigkeit und erhält Vertrauen zurück.

Unternehmens-
kultur lässt sich
gezielt verän-
dern.

Kultur ist das, was im System statt-findet und wird von den Rahmenbe-dingungen und den Menschen stetig beeinflusst und verändert.

Wir müssen nicht aufeinander hocken um gemeinsam zu arbeiten. Aber wir sollten und immer wieder auch menschlich berühren können.

Wer Irrtümer zugibt
verliert an Ansehen
und riskiert seinen
Job.

Wer Irrtümer zugibt eröffnet Raum, um selbst zu lernen und andere am Erkenntnisgewinn zu beteiligen. Er schafft damit neues Wissen und leistet einen wertvollen Beitrag für das Unternehmen.

Der Chef verdient immer Respekt.

Respekt verdient jeder. Ansehen und Reputation kann man sich erarbeiten.

Ein Weg zu Ihren neuen, individuellen mentalen Modellen.

Mentale Modellen entstammen (manchmal) tief verankerten, gemeinsamen Wahrnehmungen, Interpretationen und Emotionen. Um sie zu verändern, muss man daher die rein rationale Ebene verlassen und sich, gerade auch im organisationalen Kontext erlauben Sie auf unterschiedlichen Perspektiven zu reflektieren.

Einen Weg diese Reflexion strukturiert anzugehen möchte ich hier kurz skizzieren:

Schritt 1: Die Glaubenssatzmühle

Der Weg beginnt damit, dass Sie sich einen in Ihrer Organisation verankerten Glaubenssatz formulieren, z.B. „Die wirtschaftliche Lage des Unternehmens kann nur das Management beurteilen."

Die Mühle dient dazu den Glaubenssatz in wesentliche Bestandteile aufzulösen. Dabei können folgende Leitfragen helfen:

Zu Auswirkungen	Wie hat sich der Glaubenssatz in der Vergangenheit auf die gemeinsame Zusammenarbeit ausgewirkt, wie wirkt er heut, wie wird er sich in der Zukunft auswirken?
Zur Aktualität	Ist die Annahme heute in dieser Form in der Organisation 100%ig zutreffend?
Zu Emotionen	Welche Emotionen löst der Glaubenssatz aus? Etwa: Wut, Ärger, Angst, Zufriedenheit/Wohlbefinden, Unverständnis, Glück
Zur Interpretation	Welche Zielsetzung hatte der Glaubenssatz (wahrscheinlich) als er eingeführt wurde? Was bedeutet der Glaubenssatz für die Zusammenarbeit konkret? Wie wird er in der Organisation umgesetzt?

Zu Abhängigkeiten   Wem nützt diese Annahme, wem schadet sie?

Zu Fakten   Wie richtig ist diese Annahme grundsätzlich bzw. heute?

Die Frage zu den Fakten des Glaubenssatzes sollte am Ende gestellt werden. Die Reihenfolge der übrigen Fragen kann variiert, oder Fragen auch ganz ausgelassen werden, wenn Sie keine schlüssigen Antworten zulassen.

Im genannten Beispiel könnten die Antworten sein:

Zu Auswirkungen   „Der Glaubenssatz hat dazu geführt, dass niemand außer dem Management versucht hat die wirtschaftliche Lage zu beurteilen"

Zur Aktualität   „Viele der Mitarbeiter haben zumindest betriebswirtschaftliche Grundkenntnisse und können viele der üblichen Kennzahlen interpretieren."

Zu Emotionen   „Es ärgert viele Mitarbeiter, dass sie aufgrund des Glaubenssatzes keinen Zugang zu den Zahlen bekommen."

Zur Interpretation   „Der Glaubenssatz stammt noch aus einer Zeit, in der weniger bzw. kein Mitarbeiter eine akademische/ betriebswirtschaftliche Ausbildung besaß. Er diente dazu den Fokus der Aktivitäten der Mitarbeiter auf ihre Aufgaben zu lenken."

Zur Abhängigkeit   „Die Annahme schadet heute dem Unternehmen, da die Kenntnis der wirtschaftlichen Situation Entscheidungen der Mitarbeiter maßgeblich beeinflussen kann."

Zu Fakten   „Die Annahme ist heute nicht mehr zutreffend."

Schritt 2: Die Neukomposition

In diesem zweiten Schritt wird versucht den Glaubenssatz - sofern notwendig und sinnvoll - neu zu formulieren. Oftmals ist dies notwendig, um einen Kontrapunkt zum bestehenden Glaubenssatz zu setzen und diesen damit schneller zu überwinden.

Auch dieser Schritt bedient sich einiger Leitfragen:

Zur Gültigkeit   Was ist bzw. was war an der Annahme gut und richtig?

Zur Notwendigkeit   Ist es notwendig den Glaubenssatz neu bzw. anders zu formulieren?

Zur Zielrichtung   Für wen sollte die neue Annahme in Zukunft gelten?

Zu Folgen   Was wird mit dieser neuen Annahme beabsichtigt?

Die Antworten im genannten Beispiel könnten lauten:

Zur Gültigkeit   „Es war gut, dass nicht jeder sich intensiv mit den Kennzahlen beschäftigt und so den Fokus verliert."

Zur Notwendigkeit   „Ja, eine Regelung wie wir mit den Kennzahlen umgehen, d.h. auch wie viel Einblick Mitarbeiter erhalten ist hilfreich, um mehr Transparenz herzustellen."

Zur Zielrichtung   „Die Regelung sollte für alle Mitarbeiter gleichermaßen gelten."

Zu Folgen   „Mit mehr Transparenz und Klarheit wird die Entscheidungsfähigkeit und die Möglichkeit zur Partizipation der Mitarbeiter gestärkt. Sie werden so intensiver eingebunden und können den Wert Ihres eigenen Beitrags zum Ergebnis besser beurteilen."

Schritt 3: Hilfsmittel zur Verankerung

Um einen neu formulierten Glaubenssatz möglichst wirksam in der Organisation zu verankern, helfen neben einer einfachen Formulierung, einer bewussten Umsetzung auch Symbole, Rituale, Dialoge und Multiplikatoren.

Im Beispiel könnte man dies wie folgt umsetzen:

Formulierung	Mitarbeiter, die verstehen, wo das Unternehmen steht, können es auf dem Weg in die Zukunft zielgerichtet unterstützen.
Umsetzung	Die wirtschaftlichen Kennzahlen werden den Mitarbeiter Online in einem geschützten aber allgemeine zugänglichen Bereich zur jederzeitigen Einsicht bereitgestellt.
Symbol	Dokumente mit wirtschaftlichen Kennzahlen werden in der rechten oberen Ecke des (virtuellen) Blattes mit dem Bild eines kleinen Stapels Münzen gekennzeichnet.
Ritual	Die Mitarbeiter werden regelmäßig in einer kurzen Mail über die aktuelle Situation informiert.
Dialog	Die wirtschaftliche Situation wird in internen Gesprächsrunden insbesondere vom Management aktiv angesprochen und offen diskutiert.
Multiplikatoren	Die Führungskräfte adressieren problematische Entwicklungen aktiv an die Mitarbeiter.

Die Verankerung neuer Glaubenssätze braucht immer auch Zeit. Hilfreich ist die regelmäßige, bewusste Reflexion des gemachten Fortschritts, gegebenenfalls auch mit Hilfe externer Wegbegleiter.

Arbeitsbuch

(Raum für Ihre persönlichen alten und neuen mentalen Modelle)